BEI GRIN MACHT SICH IHR WISSEN BEZAHLT

- Wir veröffentlichen Ihre Hausarbeit, Bachelor- und Masterarbeit

- Ihr eigenes eBook und Buch - weltweit in allen wichtigen Shops

- Verdienen Sie an jedem Verkauf

Jetzt bei www.GRIN.com hochladen und kostenlos publizieren

Die Auswirkungen regelmäßigen Konsums pornografischer Web-Inhalte auf die Entwicklung von Sexualität in der jugendlichen Lebensphase. Wie kann die Soziale Arbeit reagieren?

Antonia Wandkowski

Bibliografische Information der Deutschen Nationalbibliothek:

Die Deutsche Nationalbibliothek verzeichnet diese Publikation in der
Deutschen Nationalbibliografie; detaillierte bibliografische Daten sind
im Internet über http://dnb.d-nb.de abrufbar.

ISBN: 9783346578792
Dieses Buch ist auch als E-Book erhältlich.

© GRIN Publishing GmbH
Nymphenburger Straße 86
80636 München

Druck und Bindung: Books on Demand GmbH, Norderstedt Germany
Gedruckt auf säurefreiem Papier aus verantwortungsvollen Quellen

Das vorliegende Werk wurde sorgfältig erarbeitet. Dennoch
übernehmen Autoren und Verlag für die Richtigkeit von Angaben,
Hinweisen, Links und Ratschlägen sowie eventuelle Druckfehler keine
Haftung.

Das Buch bei GRIN: https://www.grin.com/document/1168180

Seminararbeit

Internationale Hochschule Duales Studium

Studiengang: Soziale Arbeit

Die Auswirkungen regelmäßigen Konsums pornografischer Web-Inhalte auf die Entwicklung von Sexualität in der jugendlichen Lebensphase – wie kann die Soziale Arbeit reagieren?

Antonia Wandkowski

Abgabedatum: 30.09.2020

Inhaltsverzeichnis

1. Einleitung

Seitdem Pornografie frei im Internet zugänglich ist, rückt der Diskurs über die Auswirkungen, insbesondere bei Jugendlichen, von der Konfrontation mit pornografischen Web-Inhalten immer mehr in den Mittelpunkt der Öffentlichkeit. Dabei sind zwei konträre Positionen zu erkennen. Einerseits wird Pornografie kategorisch abgelehnt, da eine Entwicklungsgefährdung und Verrohung der Jugend vermutet wird, andererseits werden genau diese Behauptungen abgewiegelt, indem Internetpornografie als eine „harmlose Alltagserscheinung" beschrieben wird (Korte, 2018, S. 21). Dennoch besitzen im Jahre 2019 in Deutschland 93% der Jugendlichen zwischen 12 und 19 Jahren ein eigenes Smartphone, wovon 86% über einen uneingeschränkten WLAN-Zugang zuhause verfügen (Medienpädagogischer Forschungsverbund Südwest, 2019, S. 7 und 22). Es liegt nahe, dass durch diese freie Verfügbarkeit das durchschnittliche Alter bei erstem Kontakt mit pornografischen Inhalten sinkt. So erfolgte laut einer Studie aus dem Jahr 2010 der erstmalige Kontakt bei Jungen mit 13,2 Jahren, Mädchen hingegen rezipierten erst mit durchschnittlich 14,7 Jahren das erste Mal pornografische Darstellungen (Weber & Daschmann, 2010, S. 177). Diese Zahlen lassen allerdings noch nicht darauf schließen, welche Bewertungen die Jugendlichen bei dem Gesehenen vorgenommen haben, welche Emotionen sie dabei vernommen haben und ob sie solche Inhalte aktiv erneut konsumieren. In der Literatur und Wissenschaft um die Auswirkungen dieser Thematik herrscht aufgrund unzureichender Befunde noch kein allgemeiner Konsens.

Dennoch soll die folgende Seminararbeit einen Versuch darstellen, unter anderem diese offenen Fragen zu beantworten. Da der Diskurs um Pornografie stark mit der Frage um den Wandel der Jugendsexualität verknüpft ist, behandelt die vorliegende Seminararbeit die daraus resultierenden Wirkungen auf die Entwicklung von Sexualität, dessen Ausbildung als eine zentrale Entwicklungsaufgabe in der jugendlichen Lebensphase angesehen wird. Um die Forschungsfrage beantworten zu können, wurden themenrelevante Literatur und empirische Forschungsergebnisse hinzugezogen, welche die Wirkungsannahmen und Theorien zur behandelten Problematik untersuchen.

Abschließend wird die Arbeit darüber Aufschluss geben, wie die Soziale Arbeit in den jugendbezogenen Arbeitsfeldern auf die möglichen Folgen reagieren kann, indem auf eine zeitgemäße Sexualpädagogik und die Entwicklung von Medienkompetenz eingegangen wird.

Um den Rahmen dieser Arbeit nicht zu sprengen, klammert sie die Folgen von sexualisierter Gewalt in Pornografie aus und beschäftigt sich hauptsächlich mit gewaltfreien Darstellungen. Obwohl in der Literatur auch positive Wirkungen von Pornografiekonsum im jugendlichen Lebensalter zu finden sind, beschränkt sich diese Hausarbeit auf Negativ-Folgen. Des Weiteren wird der ungewollte oder zufällige Kontakt mit Pornografie im Jugendalter nur kurz angerissen, da dem bewussten Konsum bei der Frage um nachhaltige Wirkungen eine größere Bedeutung zukommt. Die Forschungsfrage lautet demnach: Welche Auswirkungen hat der regelmäßige und aktive Konsum gewaltfreier pornografischer Web-Inhalte auf die Entwicklung von Sexualität in der jugendlichen Lebensphase und wie kann die Soziale Arbeit darauf adäquat reagieren?

2. (Jugend-)Sexualität im Wandel

Das folgende Kapitel klärt vorerst über die wesentlichen Begriffe der Seminararbeit auf, um ein allgemeines Verständnis zu schaffen. Im nächsten Schritt wird der Sexualitätsbegriff im Kontext historisch—gesellschaftlicher Entwicklungen betrachtet. Anschließend werden gesellschaftliche Normen hinsichtlich Jugendsexualität behandelt und inwiefern diese Einfluss auf Heranwachsende nehmen.

2.1 Definitionen der zentralen Begriffe

Da die für die Seminararbeit relevanten Termini „Jugendliche Lebensphase" und „Sexualität" bzw. „sexuelle Identität" in diverser Literatur sowie aus subjektiver Sicht unterschiedlich verstanden werden, bedarf es vorab einer begrifflichen Klärung.

2.1.1 Jugendliche Lebensphase

Unter dem Begriff „Jugendliche Lebensphase" wird in dieser Arbeit eine eigenständige abzugrenzende Lebensphase verstanden, welche sich durch „besondere Bedürfnisse, Eigenschaften und Interessen auszeichnet" (Scherr, 2016, S. 147). Diese Phase spielt sich zwischen Kindheit und Erwachsensein ab und ist somit auch als eine wichtige psychosoziale Entwicklungsphase einzuordnen. Gleichzeitig liegt dabei besonderes Augenmerk auf die damit einhergehende psychosexuelle Entwicklung, dessen Relevanz im nachfolgenden Kapitel weiter erläutert wird. In sozialwissenschaftlicher und entwicklungspsychologischer Theorie besteht Konsens darüber, dass es sich bei dem Jugendbegriff um eine wichtige Übergangs- und Entwicklungsphase handelt, es ist jedoch umstritten in welchem Lebensjahr sie ihren Anfang und ihr Ende findet (Böhm et al., 2016, S. 3,).

Die Begrifflichkeit erschien erstmalig mit der Industrialisierung gegen Ende des 18. Jahrhunderts, in dem die soziale und räumliche Trennung sowie die allgemeine Schulpflicht eingeführt wurden (Scherr, 2016, S. 149). Diese Wandlungsprozesse führten erstmalig zur Wahrnehmung einer zusätzlichen Phase in der psychosozialen Entwicklung des Menschen, in der die normative Erziehung und Sozialisationsprozesse erfolgen (Staats, 2019, S. 13).

Demgegenüber beschreibt die Soziologie den Begriff Jugend als keine natürliche Entwicklungsphase und postuliert, dass Jugend im zuvor genannten Deutungsrahmen durch eine Form der Vergesellschaftung geschieht (Scherr, 2016, S. 147). Sie sei demnach eine gesellschaftliche Form, das Heranwachsen für ihre Zwecke zu strukturieren. Zusätzlich finden sich in den Nachbarsdisziplinen weitere Beschreibungen der jugendlichen Lebensphase, welche sich teilweise überschneiden. Es ließen sich je nach Forschungsfrage Definitionen aus juristischer, biologischer, psychologischer und pädagogischer Sichtweise zu Rate ziehen (Staats, 2019, S.13).

Die Altersfrage der Adoleszens bleibt insgesamt weiterhin ungeklärt. Da sich diese Seminararbeit neben den Auswirkungen pornografischen Konsums auf Jugendliche ebenfalls mit der auf diese Thematik bezogenen Handlungsfähigkeit der Sozialen Arbeit beschäftigt, ist es von Vorteil, die Definition aus dem Achten Sozialgesetzbuch hinzuzuziehen, um den Begriff Jugend näher zu definieren. Der Gesetzgeber legt im Rahmen des Kinder- und Jugendhilfegesetzes fest, dass der Begriff Jugend über das Alter definiert wird, sodass Jugendlicher ist, „wer 14, aber noch nicht 18 Jahre alt ist" (§ 7 Abs. 1 Nr. 2 SGB VIII). Diese Auffassung bildet die rechtliche Grundlage vieler Arbeitsfelder der Sozialen Arbeit und ist somit auch gewissermaßen Basis dieser Arbeit.

Weiterhin ist es unumgänglich, sich für diese Arbeit themenrelevanter Studien zu bedienen, welche sich entweder auf ein engeres oder breiteres Altersspektrum von Heranwachsenden beziehen. Im Rahmen dieser Arbeit ist keine neu angelegte empirische Forschung vorgesehen, sodass es unvermeidbar bleibt, auf die vorhandenen Forschungsergebnisse zuzugreifen. Für den Begriff der Jugend ist wie bereits beschrieben keine allgemein gültige Definition zu finden, da die Beschreibungen in jeglicher Literatur divergieren. Insgesamt ist davon auszugehen, dass es sich in der vorliegenden Arbeit entsprechend des juristischen Verständnisses im Kinder- und Jugendhilfegesetz um die Zeit zwischen dem ungefähr 14. und 18. Lebensjahr handelt.

2.2.2 Sexualität und sexuelle Identität

Aus Perspektive diverser Wissenschaftsdisziplinen lassen sich auch für den Begriff Sexualität verschiedene Definitionen ausmachen. Die Biologie beispielsweise zielt beim Thema Sexualität auf die weiblichen und männlichen Kennzeichnungen des Geschlechts ab, während im Alltag oft nur der Geschlechtsverkehr an sich gemeint ist (Mantey, 2020, S. 51). Diese Arbeit sieht den Begriff aus einer umfassenderen Perspektive, indem sie partiell auf inhaltliche Aspekte der jeweiligen Teildisziplinen zurückgreift. Die Bundeszentrale für gesundheitliche Aufklärung (BZgA) beschreibt 2014 in ihrem Rahmenkonzept zur Sexualaufklärung in Abstimmung mit den Bundesländern die Weite des Sexualbegriffs (pro familia Baden-Württemberg, 2016, S. 5):

> Sexualität ist ein existentielles Grundbedürfnis des Menschen und ein zentraler Bestandteil seiner Identität und Persönlichkeitsentwicklung. Sexualität umfasst sowohl biologische als auch psychosoziale und emotionale Tatbestände und Vorgänge. Die Ausgestaltung von Sexualität deckt ein breites Spektrum von positiven bis zu negativen Aspekten ab, von Zärtlichkeit, Geborgenheit, Lustempfinden, Befriedigung, bis hin zu Gewaltanwendung und Machtausübung. Menschen leben und erleben Sexualität unterschiedlich. Sie ist ein wichtiges Element der individuellen Lebensweise.

Diese Definition ist auch das für diese Arbeit zugrundeliegende Verständnis von Sexualität. Primär unterstreicht die Passage die Sexualität als ein Grundbedürfnis des Menschseins und macht damit die Notwendigkeit des Umgangs mit Sexualität – auch im Jugendalter - deutlich. Gleichzeitig wird auf die Variabilität und Individualität von Sexualität aufmerksam gemacht, woraus sich die unterschiedlichen Dimensionen und Funktionen von Sexualität ergeben. Um diesen pluralen Gegenstand zu verstehen, werden in den folgenden Abschnitten die Aspekte von Sexualität näher beschrieben und auf die Einflussfaktoren im gesellschaftlichen Kontext eingegangen. Außerdem weist die BZgA oberflächlich auf den Zusammenhang von Sexualität und Identität hin. Sexuelle Identität bezogen auf Jugendliche ist für diese Arbeit von Relevanz und soll in diesem Unterkapitel zum Zweck des allgemeinen Verständnisses der Forschungsfrage seine Deskription finden.

Sexualität und sexuelle Identität sind dabei nicht stringent von einander zu trennen, vielmehr beeinflussen die Sexualität und die sexuelle Identität sich wechselseitig. Die sexuelle Identität umfasst verschiedene Gesichtspunkte. Zum einen geht es um die Entwicklung eines Verantwortungsgefühls für die eventuellen Konsequenzen des eigenen Handelns und zum anderen um das Erkennen der eigenen sowie der Bedürfnisse des (Sexual-)Partners (Timmermanns & Böhm, S. 25). Entscheidend ist parallel die Frage nach den persönlichen moralischen Werten, nach denen das Sexualleben gestaltet werden soll. Hierbei können das persönliche Umfeld als auch insbesondere gesellschaftliche Konventionen, moralische Vorstellungen und Werte eine große Rolle spielen und auf diese Weise Einfluss auf die sexuelle Identität des Individuums nehmen. Nicht zuletzt gehört auch das Entwickeln und Bewusstwerden der eigenen sexuellen Orientierung dazu, d.h. das Einordnen in den Konzepten Homo-, Bi- und Heterosexualität. Folglich hat das Aus- und Erleben von Sexualität und sexueller Identität großen Einfluss auf die individuelle Lebensführung und psychische Gesundheit.

2.2 Historisch-gesellschaftliche Betrachtung des Sexualitätsbegriffs

Aus etymologischer Sicht bedeutet Sexualität „Geschlechtlichkeit" und entstand vorerst nur im Rahmen des Sprachgebrauchs der Botanik und Zoologie Anfang des 19. Jahrhunderts (Staats, 2019, S. 19). Erst Mitte des 19. Jahrhunderts findet der Begriff Einzug in die Beschreibung um das menschliche Dasein (Dressler & Zink, 2003, S. 485). Daraufhin entwickelte sich eine Sexualwissenschaft, die primär medizinisch geprägt war und den „normativen, auf Fortpflanzung gerichteten" Sex beim Menschen in den Fokus nahm (Stein-Hilbers, 2000, S. 21). Zudem entwickelte sich die Verbindung von Liebe und Sexualität entgegen heutiger idealer Erwartungen (Luhmann, 1982 zitiert nach Staats, 2019, S. 19). Bereiche wie die Theologie, Pädagogik und Jurisprudenz nahmen Anteil am neuen Sexualdiskurs (Foucault, 1977, zitiert nach Staats, 2019, S. 19). Zeitgleich veröffentlichte der Wiener Nervenarzt Sigmund Freud neue Erkenntnisse über die psychosexuelle Entwicklung des Menschen und revolutionierte die Sexualwissenschaft, indem sexuelle Verhaltensweisen entpathologisiert wurden (Staats, 2019, S. 19).

Die Vergangenheit zeigt, dass menschliche Sexualität damals sowie heute aus zwei konträren Positionen wahrgenommen wird und sich aus diesem Grund stetig in einem Spannungsfeld befindet. „Das Spannungsfeld zwischen Repression und Befreiung der Sexualität bleibt bis zum heutigen Zeitpunkt ein essentielles Gedanken- und Handlungskonstrukt im Umgang mit Sexualität", beschreibt Staats zutreffend (2019, S. 20). Im aktuellen Diskurs über die sexuelle Verwahrlosung der Jugend spiegelt sich wider, dass Sexualität ein „mit Besorgniserregung betrachteter Gegenstand bleibt, der durch Selbstbeherrschung und bei einem Mangel eben dieser, durch Kontrolle, in den Grenzen der gesellschaftlichen Norm gehalten werden muss" (Staats, 2019, S. 20). Weiterhin treibt der Diskurs voran, dass Sexualität ein wirklicher Bestandteil der Menschheit ist und bleibt. Unterdessen ist historisch gesehen zu beobachten, dass die Besorgniserregung um Sexualität kein neues Phänomen ist, sondern sich seit dem Aufkommen des Begriffs und der wissenschaftlichen Disziplin immer wieder Varianten von Gefahren um die Sexualität in der Öffentlichkeit ausbreiten (Schetsche & Schmidt, 2010, S. 9). Diese Diskurse beruhen stets auf einer „traditionalistischen Sexualideologie", die sich seither in der Gesellschaft tief verwurzelt hat. Die Antimasturbationspädaogogik beispielsweise fand vom 18. und 20. Jahrhundert seine Befürworter, während die Diskussionen um Buch- und Filmkontrolle in den 1950er Jahren stattfanden. Seit den 2000er Jahren ist es die „Generation Porno" mit der einhergehenden „Sexuellen Verwahrlosung", vor der sich gefürchtet und die Kinder behütet werden sollen. Es lässt sich also aus historischer Sicht darauf schließen, dass der Mensch in seiner Sexualität und somit auch seiner sexuellen Identität von gesellschaftlichen Normen und Werten beeinflusst wurde. Bezogen auf die in dieser Arbeit behandelte Jugendsexualität werden diese Einflüsse in dem folgenden Kapitel behandelt.

2.3 Einfluss gesellschaftlicher Normen auf Jugendsexualität

Normen und Werte bieten eine unverzichtbare Grundlage für das gesellschaftliche Zusammenleben und soziale Handeln eines Individuums. In der soziologischen Rollentheorie werden „Normen als Verhaltenserwartungen mit unterschiedlicher Verbindlichkeit analysiert, die Bezugsgruppen an die Inhaber sozialer Positionen richten" (Scherr, 2016, S. 217). Diese Verhaltenserwartungen können stark variieren, sodass sich Jugendliche in ihrer Entwicklung bezogen auf Sexualität und Identitätsfindung in einer Gemengelage befinden können. Jegliches soziale Handeln in Folge von der Umsetzung einer geltenden Norm hat sowohl Einfluss auf das gesellschaftliche Zusammenleben, als auch auf das individuelle Leben, sodass sich die unterschiedlichen Verbindlichkeiten von Normen in „Vorwürfen, Statusverlust oder auch strafrechtlicher Verfolgung" zeigen (Staats, 2019, S. 29). In den §§ 147 ff. Strafgesetzbuch (StGB) finden sich die Straftaten gegen sexuelle Selbstbestimmung wieder, welche vor allem für die stationäre Kinder- und Jugendhilfe von großer Relevanz sind. Die Paragraphen regeln die Straftaten sexuellen Missbrauchs sowie die Förderung sexueller Handlungen Minderjähriger und setzen somit einen Rahmen für SozialarbeiterInnen in diesem Arbeitsfeld fest. Die Härte dieser Normen in Form von Gesetzen führen zuweilen sogar bei Fachkräften zu einer Abwendung des Themas Sexualität im Kontext der Arbeit mit Jugendlichen (Staats, 2019, S. 29 ff.).

Eine besonders niedrigschwellige Art der Transportation von Sexualnormen ist die Sprache in Form von täglicher Kommunikation oder auch durch Darstellung in den Medien (Staats, 2019, S. 30). Da sich das Internet aktuell über hohe Beliebtheit und Verbreitung unter Jugendlichen erfreut, ist es eine nicht zu unterschätzende Form der Reproduktion von Sexualnormen. Wie sich bereits im letzten Kapitel feststellen ließ, wird in der Öffentlichkeit dahingehend immerzu das abweichende Verhalten behandelt. „Normale" Sexualität rückt in den Hintergrund und die Devianzen in den Vordergrund, weil sie als regulationsbedürftig gelten (Staats, 2019, S. 30). Hinzu kommt, dass das abweichende Verhalten erneut in „Devianzstufen" klassifiziert wird und so kommt es zu einem „gesellschaftlichen Ausschluss der als absolut nicht akzeptabel bewerteten Verhaltensweisen" (Staats, 2019, S. 30). Insgesamt ist festzustellen, dass Sexualität in der Gesellschaft seit jeher durch normative Vorstellungen ein stark negativbehaftetes Thema darstellt, bei dem die Diskussion über Verbote dominiert. Beispielhaft dafür ist außerehelicher Geschlechtsverkehr, der in den 1950er und 1960er Jahren zu einer „Zwangsehe" führte, um das abweichende Verhalten zu kompensieren. Im Kontext der sexuellen Revolution entstanden Bestrebungen, moralische Vorstellungen dieser Art aufzubrechen und parallel die Jugendsexualität zu enttabuisieren (Staats, 2019, S. 30). Wichtigstes Ziel war es, eine neue gesellschaftliche Sicht auf Sexualität befreit von Tabuisierungen und Verboten zu schaffen. Aktuell wird aus wissenschaftlicher Sicht häufig dem Medium Internet eine zentrale Bedeutung verliehen, wenn es um den Wandel von Sexualmoral bei Jugendlichen geht. Die freie Verfügbarkeit des Internets und die damit möglichen Veränderungen des (sexuellen) Verhaltens unter Jugendlichen regen zu einem Diskurs an, der sich mit den Herausforderungen dieser Technologisierung beschäftigt.

Abschließend ist zu konstatieren, dass sich die Jugendsexualität immer zwischen den persönlichen Bedürfnissen und der gesellschaftlichen Sexualmoral bewegt. Letzteres kann für das Individuum sowohl eine positive Leitlinie darstellen, als auch die sexuelle Entfaltung begrenzen. Die psychosexuelle Entwicklung erfolgt über die sexuelle Sozialisation, welche durch das individuelle Umfeld, Institutionen wie Schule, aber vor allem durch gesellschaftliche Normen gekennzeichnet ist. In dem nächsten Kapitel wird auf die Bedeutung der psychosexuellen Entwicklung Heranwachsender näher eingegangen.

3. Bedeutung von Sexualität in der psychosexuellen Entwicklung

In der Entwicklungspsychologie gilt die sexuelle Identitätsfindung insbesondere bei Heranwachsenden als zentrale Entwicklungsaufgabe (Mantey, 2020, S. 13). Sexualität nimmt in der psychosexuellen Entwicklung verschiedene Funktionen ein, die je nach Lebensphase mehr oder weniger wichtig für das Individuum sein können (Staats, 2019, S.20 ff.). Die offensichtlichste Funktion ist die Fortpflanzung, auf welche sich in den ersten Zügen der Sexualwissenschaft vorerst beschränkt wurde. Sexualität kann jedoch auch Beziehungen beeinflussen und aufbauen und dient den sozialen Bedürfnissen eines Menschen nach Nähe und Intimität. Sie ist eine Möglichkeit der Kommunikation, welche nicht sprachlich, sondern körperlich stattfindet. Des weiteren ist Sexualität als Lustbefriedigung zu betrachteten, wenngleich dabei nicht der Geschlechtsverkehr in den Fokus genommen wird, sondern der eigene Körper, der Schutz und die Geborgenheit, der bei dem Partner gesucht wird und auch die Bindungen, die daraus entstehen können. Demgemäß beeinflusst Sexualität den Menschen in unterschiedlichen Dimensionen: körperlich, sozial, emotional, kulturell und gesellschaftlich. Es liegt nahe, dass diese zentrale Entwicklungsaufgabe dadurch einen enormen Einfluss auf das körperliche, psychische und soziale Befinden eines Menschen nimmt. Einerseits unterliegt die Entwicklung von Sexualität der individuellen Persönlichkeit und ihrem Prozess, andererseits unterliegt sie externen Einflussgrößen, die sich aus der Lebenswelt eines Menschen ergeben. Je nach Lebens- und Altersphase variieren diese externen Einflussgrößen und können einer unterschiedlichen Bedeutung beigemessen werden. Letztlich ist zu konstatieren, dass sich die Funktionen von Sexualität in den unterschiedlichen Altersphasen anders zeigen können.

Sexualität ist also ein lebenslanger Prozess und kein „starres Gebilde" (Staats, 2019. S. 23). Der Professor für Erziehungswissenschaft an der Fachhochschule Dortmund Richard Günder beschreibt sexuelles Verhalten als „einen Ausdruck unserer Persönlichkeit" (2011, S. 292). Es ist festzuhalten, dass die Entwicklung der Sexualität im Kindheits- und Jugendalter eine besonders prägende Funktion beim Menschen einnimmt. In der Jugendphase müssen diverse Entwicklungsaufgaben bezogen auf die Sexualität bewältigt werden. Beispielsweise findet der erste prägende sexuelle Kontakt statt, die sexuelle Präferenz entwickelt sich, Beziehungen werden ausprobiert und die körperliche geschlechtliche Entwicklung schreitet voran. Heranwachsende stehen also im Übergang zum Erwachsensein vor großen Aufgaben, aus deren Lösung eine sexuelle Identität entsteht. Über das Erproben ihrer Sexualität definieren sie auch ihre Persönlichkeit, sodass Sexualität einen Teil der Persönlichkeitsbildung darstellt.

4. Jugendliche Sexualität im Kontext des Internetzeitalters

Nachdem die Bedeutung von Sexualität im Jugendalter und das Entwickeln einer sexuellen Identität herausgestellt wurden, wird sich dieses Kapitel mit dem gegenwärtigen Ausmaß an pornografischen Inhalten im Internet beschäftigen. Anknüpfend daran werden die bisher bekannten Wirkungen und Folgen des aktiven Pornografiekonsums im Jugendalter dargelegt und abschließend im Fazit erörtert, wie sich diese zu der sexuellen Entwicklung von Jugendlichen verhalten.

4.1 Über die Zunahme pornografischer Web-Inhalte

In den letzten zehn Jahren haben sich pornografische Inhalte im Internet stark vermehrt und Jugendliche mit unterschiedlicher Medienkompetenz besitzen häufig ungehindert Zugriff auf diesen Markt (Sielert, 2010, S. 16). Dass das Thema Pornografie im Internet große Ausmaße annimmt, lässt sich an der Häufigkeit der Suchanfragen ablesen: Etwa 25 Prozent der Google-Anfragen beziehen sich auf pornografische Inhalte (Korte, 2018, S. 16). Bei Kindern und Jugendlichen wurde festgestellt, dass „sex" und „porn" zu den fünf beliebtesten Suchanfragen gehören (Korte, 2018, S. 23). Dementsprechend gehören Erfahrungen mit Pornografie inzwischen zur gewöhnlichen Lebenswelt von Jugendlichen. Pornografie ist untrennbar von Sexualität, sodass pornografische Inhalte die Entwicklung ihrer Sexualität und sexueller Identität begleiten und somit beeinflussen können (Schetsche & Schmidt, 2010, S. 178).

Bevor näher auf Pornografie eingegangen werden kann, bedarf es einer Definition des Begriffs, um im Rahmen dieser Seminararbeit ein allgemeines Verständnis zu schaffen. Durch den Gesetzgeber ist keine klare Definition von Pornografie vorgegeben, es ergeben sich jedoch aus Rechtsprechung und Rechtswissenschaft gewisse Erscheinungsformen davon (Bundeszentrale für politische Bildung, 2020). Als weit verbreitete, im Duden niedergeschriebene Definition, lässt sich Pornografie wie folgt beschreiben (Bibliographisches Institut GmbH, 2020): „Pornografie ist eine sprachliche, bildliche Darstellung sexueller Akte unter einseitiger Betonung des genitalen Bereichs und unter Ausklammerung der psychischen und partnerschaftlichen Aspekte der Sexualität."

Pornografie hat jedoch ein weites Spektrum hinsichtlich ihrer Genres und wird dahingehend mehr oder minder schädigend für die psychosexuelle Entwicklung Heranwachsender wahrgenommen. In einer Studie des Bundeslandes Rheinland-Pfalz wurden 13 bis 18-jährige Schülerinnen und Schüler aus 17 weiterführenden Schulen befragt, welche pornografischen Kategorien sie bereits im Internet rezipiert hatten (Altstötter-Gleich, 2007, S. 15 ff.). Auffallend häufig wurde mit 32 Prozent das Genre „Soft" genannt. Hinzu kamen auch explizite Beispiele für sexuelle Praktiken mit 9 Prozent. Diese stehen für z.B. Masturbation, Oralverkehr und Analverkehr. Außerdem wurden auch von 6 Prozent sexuelle Mittel/Sozialformen benannt. Beispiele für jene sexuellen Mittel/Sozialformen sind Sado-Maso, Bondage, Fisting und Gang-Bang. Weitere 16 Prozent gaben auch an, Beispiele von „Hard-Porn" gesehen zu haben, obwohl diese gesetzlich verboten sind: Sodomie, Gewaltdarstellungen, Missbrauch von Kindern, Nekrophilie und sexuelle Verstümmelung. Unter anderem der allgegenwärtige Zugriff auf diese und die Konfrontation mit den beiden Genres sind in den öffentlichen Diskursen dafür verantwortlich, dass im Kontext von Jugend und Pornografie von „Sexueller Verwahrlosung" oder auch „Sexueller Tragödie" gesprochen wird. 15 Prozent der Befragten gaben weiterhin an, gruppenbezogene Besonderheiten gesehen zu haben (alte, korpulente, homosexuelle usw.). Die übrigen 10 Prozent nannten pornografiebezogene Informationen oder nicht in die jeweiligen Kategorien einzuordnende Bilder.

Da sich aus diesen Prozentzahlen noch nicht der Umgang mit den jeweiligen Inhalten ablesen lässt, wurden die 13 bis 18-jährigen zusätzlich befragt, welche Gefühle sie beim Rezipieren vernommen haben (Altstötter-Gleich, 2007, S. 15 ff.). Es ist festzuhalten, dass beinahe alle Jugendlichen dem „Hard-Porn" mit sehr negativen Gefühlen wie Angst und Ekel begegneten. 2 Prozent reagierten mit Neugier und 1 Prozent würden die Bilder eher als positiv bewerten. Insgesamt ließ sich ebenso aus der Studie ablesen, dass Jungen die „weiche Pornografie" tendenziell eher positiv bewerten als Mädchen, wohingegen bei harten pornografischen Inhalten beide Geschlechter ähnlich negativ reagierten.

Aufgrund dieser Befunde ist davon auszugehen, dass nicht alle Heranwachsenden das vorgelebte Bild aus dem Internet völlig übernehmen und nachahmen (Sielert, 2010, S. 16). Sie scheinen sich aktiv und kritisch mit den Inhalten auseinanderzusetzen (Scherr, 2016, S. 161). Dennoch muss angesichts des niedrigen Durchschnittsalters beim Erstkontakt mit Pornografie davon ausgegangen werden, dass die Informationen aus dem Internet zu ihrem „Primärwissen" in Bezug auf Sexualität gehören (Sielert, 2010, S. 16). Bevor sie mit ihrem eigenen Körper Erfahrungen machen können, empfangen sie Bilder, welche sie nicht mit persönlichen empirischen Kenntnissen verbinden können. Diese Bilderflut kann bei einer nur bedingt ausgebildeten Identität zu Unsicherheiten führen, welche darin resultieren, dass sie ihren individuellen, „normalen" Weg, ihre sexuelle Identität zu erkennen und zu entwickeln, verlieren.

4.2 Motive zum bewussten Konsum

Wie sich bereits aus den Erkenntnissen der zuvor genannten Studie aus Rheinland-Pfalz aufdecken ließ, rezipieren Jungen pornografische Inhalte anders als Mädchen. In der westlichen hochtechnologisierten Kultur haben fast alle Jungen und die Mehrheit der Mädchen Kontakt mit Pornografie gehabt (Korte, 2018, S 76). Ergänzend dazu ist entsprechend der Erkenntnisse zu den Gefühlen gegenüber Pornografie zu bemerken, dass jugendliche „Intensivnutzer" von Pornografie auffällig oft männlich sind (Korte, 2018, S. 76). Es lässt sich weiterhin bestimmen, dass keine Variable bei den jungen Pornografie-Nutzern so zentral ist wie das Geschlecht (Korte, 2018, S. 78). Untersuchungen haben dahingehend ergeben, dass weder Aspekte wie Herkunft noch Schulform auf die Nutzung Einfluss haben Auf der Grundlage dieses Wissens ist für die Forschungsfrage dieser Arbeit von Relevanz, welche Motive junge Nutzer von Internetpornografie leiten. Auf diesem Weg lässt sich eventuell abschließend deuten, inwiefern die Nutzungsmuster und Nutzungsmotive die Entwicklung von Sexualität und sexueller Identität je nach Geschlecht beeinflussen. Die vorangegangen Erkenntnisse über den Genderaspekt geben vor, dass die folgenden Motive mehrheitlich jungenspezifisch sind. Überdies können pornografische Inhalte sowohl gewollt als auch ungewollt konsumiert werden (Schetsche & Schmidt, 2010, S. 177). Beim gewöhnlichen Surfen durch das Internet können in Chats Werbungen und Links mit sexualisiertem Inhalt erscheinen, welche häufig genannt werden, wenn Heranwachsende von ungewolltem

Rezipieren pornografischer Darstellungen berichten (Grimm et al., 2011, S. 60). Um das Thema der Arbeit weiter einzugrenzen, beziehen sich die folgenden Unterkapitel hauptsächlich auf den bewussten Konsum, dem in der Frage um nachhaltige Wirkungen des Konsums eine größere Bedeutung zukommt.

Aus qualitativen Interviews mit jungen männlichen Nutzern von Internetpornografie gehen vier zentrale Motive zum Konsum pornografischer Inhalte hervor (Grimm et al., 2011, S. 70 ff.). Zum einen benennen die Befragten Erregung und Masturbation als Leitmotiv. Dies sei vorranging ein Grund, um Sexualität mit einem Partner zu ersetzen. Daneben wird deutlich, dass die Jungen gemäß des „Reiz-Aktions-Schemas" argumentieren, wenn sie versuchen, dieses Motiv zu erklären. Es ginge dabei um Triebe, die durch äußerliche Reize aktiviert und durch Pornografie befriedigt werden. Ein zweites wichtiges Motiv ist das des Wissensgewinns über Sexualität und den weiblichen Körper bzw. Lernen sexueller Praktiken. In den Interviews zeigte sich deutlich, dass Jugendliche glauben, sie müssten vor ihren ersten sexuellen Erfahrungen bereits wissen, wie Sexualität im Detail „funktioniert" und Pornografie würde ihnen am besten darstellen, was sie als erfahrener Experte „können müssen". Darüberhinaus stellt die soziale Integration einen wichtigen Aspekt für die Befragten beim aktiven Konsumieren von Pornografie dar. Sie beschrieben, dass sie pornografische Darstellungen konsumieren, um in ihrer Peer-Group „mitzureden" und „cool zu sein". Dennoch fällt auf, dass sie dieses Motiv der Vergangenheit zuschreiben, was damit zu begründen ist, dass es tendenziell ein niedriges Ansehen hat. Trotzdem scheint es ein wichtiges Motiv zu sein, da sich herausstellte, dass es laut der Jugendlichen dazu beitrüge, seiner „Männerrolle" gerecht zu werden. Ein weiteres verbreitetes Motiv ist das der Unterhaltung. Pornografie vertreibe ihre Langeweile und könne sogar die allgemeine Laune beeinflussen. So erzählt ein Jugendlicher, dass er sich in das Internet begibt, um pornografische Darstellungen zu rezipieren, wenn er schlechte Laune hat. Andere wiederum teilen mit, dass sie Pornografie als Unterhaltung in der Gruppe nutzen. In den Interviews wird klar, dass Pornografie teilweise wie andere nicht sexuelle Medieninhalte genutzt wird. Dabei unterscheidet sich Pornografie von anderen medialen Inhalten nur dadurch, dass es etwas „Verbotenes" und „Anrüchiges" darstellt und schafft so weitere neue Anreize. Schlussfolgernd hat Pornografie in der Reihe von anderen medialen Angeboten unter Jugendlichen immer mehr die „Tendenz zur Normalisierung".

In einer „Bravo Dr. Sommer Studie" mit 1228 Teilnehmerinnen und Teilnehmern zwischen 11 und 17 Jahren aus dem Jahre 2009 stellte sich heraus, dass 56 Prozent der Jungen Pornografie zur Masturbation nutzen, wohingegen 46 Prozent der Mädchen bei jenen Darstellungen eindeutig ablehnend reagieren (iconkids & youth international research, 2009, S. 97). In einer weiteren Online-Befragung von Weber und Daschmann gaben 14 Prozent der Mädchen an, sich Pornografie nur gemeinsam mit ihrem Partner anzusehen (S. 175). 52 Prozent berichteten, sie würden sich vorwiegend zu zweit mit ihrem Partner pornografische Inhalte im Internet anschauen. Nur 17 Prozent der Jungen gaben Pornografiekonsum in diesem Kontext an. In einer anderen Studien fanden Matthiesen, Martyniuk und Dekker (2011) mittels leitfadengestützter Interviews erneut heraus, dass der Genderaspekt beim jugendlichen Pornografiekonsum eine große Bedeutung zukommt. Besonders auffällig erscheint es immer wieder, dass der regelmäßige Konsum und die sexuelle Erregung bei Pornografie mehrheitlich den Jungen zuzuschreiben ist (Matthiesen et al., 2011. Mädchen konsumierten demnach jene Inhalte weniger bis fast nie zur sexuellen Erregung und Masturbation.

4.3 Annahmen und empirische Befunde zu den Wirkungen von Pornografiekonsum

Im Vergleich zu Studien mit erwachsenen Probanden wurden noch nicht hinreichend viele Untersuchungen mit Jugendlichen bezogen auf die negativen Auswirkungen von Pornografiekonsum durchgeführt (Grimm et al., 2011, S. 32). Dieses Kapitel stellt dennoch einen Versuch dar, die bereits bekannten Negativ-Folgen in der jugendlichen Lebensphase zusammenzufassen. Dazu wurden die markantesten, immer wieder auftretenden Wirkungsannahmen in zwei Unterkapiteln herausgestellt.

4.3.1 Geschlechterrollen

In wissenschaftlicher Literatur über die Auswirkungen von Pornografiekonsum ist immer wiederkehrend die Problematik um Geschlechterrollen zu finden. Pornografie verbreite demnach ungehindert stereotype Rollenzuschreibungen, welche sich bereits unabhängig des Pornografiediskurses in scharfer Kritik befinden (Korte, 2018, S. 18). Wie der vorangegangen Definition vom Pornografiebegriff zu entnehmen, ist die Ausklammerung von jeglichen Beziehungen in pornografischen Darstellungen wichtiger Bestandteil. Im Hinblick darauf wird vielfach kritisiert, dass die Rollen dabei meist klar verteilt sind (Korte, 2018, S. 83). Der Mann gilt als dominanter Herrscher der Situation, während die Frau sich unterordnet und ihre sexuellen Bedürfnisse zurückstellt, indem sie sich jederzeit verfügbar zeigt. Aus feministischer Sicht stellt diese klare Rollenverteilung einen ernstzunehmenden Kritikpunkt dar, obgleich es nicht wissenschaftlich geklärt ist, inwieweit Nachahmungen des Gesehenen unter jugendlichen Pornografienutzern geschehen. Diese Wirkungsannahme zielt darauf ab, dass Jugendliche die Darstellungen von Frauen als abhängige Sexobjekte wahrnehmen und Männer „Anerkennung und Erfolg" über die „effektive und schnelle Interaktion mit abhängigen und unterwürfigen Frauen" erhalten (Schetsche & Schmidt, 2010, S. 157). Demnach wird davon ausgegangen, dass männliche Jugendliche dadurch lernen, dass diese dargestellte Sexualität des Mannes als „wichtigstes identitätsstiftendes Merkmal" gilt. Unterdessen lernen Mädchen, die Sexualität des Mannes über ihre eigene zu stellen und ihr Selbstbild vom Mann abhängig zu machen. Obwohl pornografische Darstellungen immer mehr Einzug in die Lebenswelt von Jugendlichen finden, sind diese Wirkungsannahmen nicht unbedingt mit Empire zu untermauern. So zeigt sich seit einigen

Jahren, dass Mädchen sich in ihrem sexuellen Verhalten initiativer als zuvor zeigen und in ihrer Sexualität unabhängiger werden. In einer zuvor genannten Interviewstudie von Grimm, Rhein und Müller befürchten Pornografie konsumierende Jungen hingegen, dass es bei schlechten sozialen Rahmenbedingungen zu negativen Auswirkungen hinsichtlich des Frauenbildes kommen könnte (S. 89).

Abschließend deuten die wissenschaftlichen Kenntnisse darauf hin, dass die verallgemeinernde Reproduktion von Geschlechterrollen nicht auf alle Pornografienutzer anzuwenden ist (Korte, 2018, S. 84). Es ist davon auszugehen, dass sexistische Darstellungen in einem negativen Frauenbild münden können, jedoch nicht immer ein automatischer Lerneffekt bei jugendlichen Mediennutzern stattfinden muss. Trotzdem sind diese potenziellen Negativ-Folgen im Kontext der Ausbildung von Sexualität und sexuellem Verhalten nicht zu vernachlässigen, da sich teilweise in der Kommunikation mit Jugendlichen über das Thema zeigt, dass sie Sorgen und Unsicherheiten über Rollenklischees durch rezipierte Pornografie haben (Schetsche & Schmidt, 2010, S. 180).

4.3.2 Körperbild, Leistungsdruck und Realitätsnähe

Wie sich dem bereits formulierten Verständnis von jugendlicher Lebensphase entnehmen ließ, ist diese Zeit des Aufwachsens mit wichtigen psychosexuellen Entwicklungsschritten verknüpft. In dieser Phase sehen sich Heranwachsende unterschiedlichen Aufgaben und Fragen ausgesetzt, die es zu bewältigen und beantworten gilt (Schetsche & Schmidt, 2018, S. 180). Zum einen setzen sich Jugendliche mit ihrem Körperselbstbild auseinander, wobei die idealisierten Bilder von PornografiedarstellerInnen zu zusätzlichen Unsicherheiten führen können. In einer Befragung zu Sexualität und Pornografie gaben 16 Prozent der Mädchen an, „Komplexe" aufgrund von Pornografiekonsum zu entwickeln (Schetsche & Schmidt, 2010, S. 180). Insbesondere in diesem Alter wird der eigene Körper sehr kritisch beäugt und die oft „perfekten" Darstellerinnen und Darsteller vermitteln ein Bild, mit dem sie sich vergleichen und welches sie irritieren kann (Korte, 2018, S. 84). Neben den „makellosen" Körpern könnte es auch zu einem Vergleich mit den sexuellen Darbietungen kommen, welche zu einem sexuellen Leistungsdruck führen. Dieser Leistungsdruck betrifft sowohl Jungen als auch Mädchen und führt so wie auch das Vergleichen mit den dargestellten Körpern zu Komplexen oder auch Versagensängsten, sobald sie selbst sexuell aktiv werden wollen (Korte, 2018, S. 84). Dieser Leistungsdruck steht ebenso mit einer sexuellen Unzufriedenheit in Zusammenhang (Korte, 2018, S. 87). Weiterhin wird kritisiert, dass das totale Weglassen von Beziehungsebenen in pornografischen Darstellungen zu einer unrealistischen Vorstellung von Beziehungen führt und die Trennung von Sexualität und Liebe vorantreibt (Korte, 2018, S. 86). Demnach fördere Pornografie die Unverbindlichkeit von Sex, was zur Folge haben könnte, dass sich die durchschnittliche Anzahl von Sexualpartnern bereits im Jugendalter erhöht. Außerdem könnte das große Spektrum an verschiedenen ungewöhnlichen Sexualpraktiken dazu führen, dass Jugendliche vermuten, dies seien normale Darstellungen, die in der Gesellschaft großen Anklang finden (Korte, 2018, S. 83). Im Umkehrschluss würden sie glauben, sie müssten das als normal angesehene in ihrem eigenen Sexualleben umsetzen.

Immer wieder zur Debatte steht auch die Frage nach der allgemeinen Realitätsnähe von Pornografie. Die zuvor genannten Wirkungsannahmen lassen darauf schließen, dass pornografische Inhalte tendenziell als realitätsfern angesehen werden. Die Frage dabei ist, inwiefern Heranwachsende dies von ihrem eigenen Sexualleben abgrenzen können und ob es sie nachhaltig in ihrem sexuellen Verhalten und in ihrer sexuellen Identität beeinflusst. In diversen Befragungen wird deutlich, dass nahezu alle Jugendlichen berichten, das Rezipierte kritisch zu hinterfragen und nicht unreflektiert in ihr eigenes Sexualverhalten zu übernehmen (Sielert, 2010, S. 15). Folglich ist sich die Mehrheit der Konsumenten darüber einig, dass das Gezeigte nicht der Realität entspricht.

Unbenommen davon sind Unsicherheiten über das eigene Körperselbstbild, der Entwicklung der eigenen Sexualität und der richtige Umgang mit dem anderen Geschlecht zentrale Entwicklungsschritte der jugendlichen Lebensphase. Dieses Kapitel zeigt einmal mehr, dass Pornografie nicht zwangsweise zu einer gestörten Entwicklung von Sexualität führen muss, aber entwicklungscharakteristische Unsicherheiten und Sorgen vereinzelt verstärken kann. Für die Folgen sexueller Inhalte im Fernsehen gibt es bereits hinreichend Studien, die Auswirkungen pornografischer Inhalte im Internet wurden hingegen noch nicht ausreichend erforscht (Schetsche & Schmidt, 2010, S. 180). Diese Unwissenheit regt zum Weiterdenken im pädagogischen Handeln an und schafft einen Anlass sich in der Praxis mit den sexuellen Erfahrungen und Bedenken von Jugendlichen vermehrt auseinanderzusetzen.

Zusammenfassend lässt sich festhalten, dass sich potenzielle Negativ-Folgen gewaltfreier Pornografie nicht hinreichend durch empirische Befunde untermauern ließen, es werden aber erste Hinweise geliefert. Demnach sind die negativen Auswirkungen körperbezogener Unsicherheiten wiederum gerade bei Mädchen, aber auch bei Jungen, in Folge von Pornografiekonsum denkbar. Aus entwicklungspsychologischer Sicht sind insbesondere sehr junge Konsumenten ohne sexuelle Erfahrungen in ihrer Sexualität beeinflussbar. Weiterhin ist annehmbar, dass die Darstellung abweichender Sexualpraktiken oder gar gewaltpornografische Inhalte eine Sensibilisierung dieser bei Heranwachsenden hervorrufen können.

5. Anregungen für eine zeitgemäße Sexual- und Medienpädagogik

Angesichts der teilweise widersprüchlichen Befunde in der Wissenschaft um Negativ-Folgen von Pornografiekonsum in der jugendlichen Lebensphase, bleibt offen, inwiefern Pädagogen intervenieren müssen bzw. können. Weiterhin ist die Wirksamkeit pädagogischer Maßnahmen bei einem erwiesenen schädlichen Umgang mit pornografischen Inhalten nur unzureichend erforscht (Korte, 2018, S. 205). Doch gerade weil die Negativ-Folgen noch nicht allumfassend beschrieben werden konnten, ist es notwendig, sich pädagogisch mit den ersten Indizien darauf zu befassen.

Es konnten zwar viele Fragen noch nicht beantwortet werden, doch lässt sich aus der allgemeinen Thematik bereits ablesen, dass die Medien- und Sexualpädagogik in der Praxis perspektivisch enger verbunden sein muss (Korte, 2018, S. 205). Dieses Kapitel beschreibt Empfehlungen für die pädagogische Praxis, welche in erster Linie von Prävention und nicht von Restriktion dominieren.

Grundlegend sollten sich Pädagogen mit Blick auf die enorme Verbreitung von pornografischen Inhalten im Internet mehr mit den möglichen Herausforderungen auseinandersetzen (Korte, 2018, S. 206). Nicht nur Eltern sind angehalten, diesen Risiken entgegenzuwirken. Auch beispielsweise der Jugendarbeit und den Jugendzentren könnten hierbei eine wichtige Rolle zukommen (Grimm et al., 2011, S. 253). In einer Interviewstudie äußerten Jugendliche, dass es ihnen schwer fiele, mit Erwachsenen über Pornografie zu sprechen. Die häufig eher jüngeren Mitarbeiterinnen und Mitarbeiter in der offenen Kinder- und Jugendarbeit können aufgrund ihres Alters dahingehend einen geeigneteren Ansprechpartner darstellen und trotzdem über einen deutlichen Wissensvorsprung verfügen. Daraus folgt auch, dass Pädagogen offensiver mit dem Thema umgehen müssen, sodass der Dialog über Pornografie und Sexualität enttabuisiert wird (Grimm et al., 2011, S. 250). Dabei gilt es, angesichts des niedrigen Durschnittalters bei Primärkontakt mit Pornografie frühzeitig Medien- und Kommunikationskompetenz zu vermitteln (Korte, 2018, S. 206). Die empirischen Befunde der vorangegangenen Kapitel deuteten darauf hin, dass insbesondere körperbezogene Unsicherheiten und stereotype Geschlechterzuschreibungen eine größere Gefahr hinsichtlich der auftretenden Wahrscheinlichkeit im Vergleich zu anderen, noch nicht bestätigten, Wirkungsannahmen darstellen. Aufgrund dieses Wissens gilt es, Aufklärungsarbeit in pädagogischen Handlungsfeldern zu leisten. Die typischen Rollenbilder sollten in jeglichen Einrichtungen keine weitere Verbreitung bzw. Unterstützung finden. Der sexuelle Leistungsdruck und die Unsicherheiten mit dem eigenen Körper könnten über offene Kommunikation mittels Enttabuisierung des Themas eingedämmt werden. Dennoch bleibt es während der Kommunikation zwischen Pädagogen und Jugendlichen wichtig, die Intimsphäre der jungen Menschen zu achten (Korte, 2018, S. 207). Um die Balance zwischen Anerkennung und Abgrenzung zu wahren, bedarf es vorheriger Übung auf Seite der Pädagogen.

Eine weitere präventive Maßnahme besteht darin, sich in kinder- und jugendbezogenen Einrichtungen rechtzeitig gemeinsam mit einem positiven Bild von Sexualität zu beschäftigen. Dabei können ein „befreiter Umgang" mit Sexualität und „Ideale der sexuellen Selbstbestimmung, notwendigen Grenzziehung, wechselseitigen Rücksichtnahme und geforderte Toleranz gegenüber sexueller Vielfalt" als wichtig erachtet werden (Korte, 2018, S. 206).

Insbesondere ungewollte Erfahrungen mit Pornografie sollten pädagogisch begleitet werden (Grimm et al., 2011, S. 253). Bei der Konfrontation besonders junger Heranwachsender mit Inhalten, nach denen sie nicht gesucht haben, kann es zu einer Überforderung kommen (Korte, 2018, S. 207). Mit diesen Erfahrungen sollten sie nicht allein gelassen werden und benötigen eine „Orientierungshilfe" für eine selbstverantwortliche Entwicklung ihrer Sexualität.

Grundsätzlich können Erfahrungen mit Pornografie im jungen Alter aufgrund der allgegenwärtigen Präsenz nicht immer verhindert werden. Dies anzuerkennen ist wichtig, um eine zeitgemäße Sexual- und Medienpädagogik zu entwickeln. Daher sollte die oberste Leitlinie moderner Pädagogik die Unterstützung der Entwicklung von Selbstverantwortung und Reflexion eigener Sexualität sein. Das selbstständige Reflektieren und Auseinandersetzen mit dem Gesehenen erlaubt einen verantwortungsvollen und reifen Umgang mit Inhalten, die aufgrund fehlender persönlicher Erfahrungen noch nicht automatisch eingeordnet werden können.

6. Fazit

Letztendlich ist sich die Forschung nicht einig, was Pornografie bei Heranwachsenden nachhaltig auslösen kann. Jedoch besteht Konsens darüber, dass die Ausbildung von Sexualität eine zentrale Entwicklungsaufgabe in der jugendlichen Lebensphase darstellt. Auch für Erwachsene ist Sexualität ein wichtiges Bedürfnis, welches die Lebensführung und allgemeine Gesundheit eines Menschen beeinflussen kann. Demnach ist zu erwarten, dass die Entwicklung von Sexualität im frühen Alter die Weichen für das spätere Erleben von Sexualität stellen kann. Gleichermaßen ist davon auszugehen, dass der regelmäßige Konsum von Pornografie die Entwicklung von Sexualität und sexueller Identität junger Menschen begleitet und somit auch beeinflussen kann. Die vorangegangenen Ergebnisse dieser Seminararbeit erlauben daraus zu schlussfolgern, dass der zentrale Entwicklungsaspekt der Sexualität in der Adoleszens durchaus unter Umständen gestört werden kann, wenngleich nicht von einer „sexuellen Tragödie" bei allen Pornografiekonsumenten zu sprechen ist.

Sexualität umfasst viele Funktionen und hat Einfluss auf verschiedene Dimensionen (sozial, kulturell etc.) der persönlichen Lebensführung. Gemäß dem dieser Arbeit zugrunde liegenden Verständnis von Sexualität ist sie auch ein Teil der Persönlichkeitsbildung des Menschen. Die sexuelle Identität, die sich zeitgleich mit der Sexualität entwickelt, umfasst z.B. das Ausbilden eines Verantwortungsgefühls in Bezug auf das eigene sexuelle Leben sowie das Erkennen von eigenen Bedürfnissen und die des Partners. Diese sehr wichtigen Aspekte könnten durch pornografischen Einfluss gestört und durch z.B. Devianzpornografie in eine Richtung gelenkt werden, die sich ohne jenen Einfluss nicht ergeben hätte. Sexualität dient ebenso dem Aufbauen von Beziehungen und dem sozialen Grundbedürfnis nach Nähe und Geborgenheit. Bei einer gestörten Entwicklung von Sexualität, d.h. in diesem Fall, dass Sexualität nicht mehr in Verbindung mit diesen sehr wichtigen sozialen Faktoren geschieht, könnte dies theoretisch negative Folgen in der sozialen Dimension eines Menschen haben. In Anbetracht dieser Tatsachen, wäre es unangebracht, ohne weitere Bedenken den Konsum jeglicher Pornografie in der jugendlichen Lebensphase als unbedenklich zu deklarieren.

Solange keine weiteren Befunde vorliegen, welche die potenziellen Risiken von dauerhaftem Konsum widerlegen, sind die beschriebenen Wirkungsannahmen in pädagogischer Praxis ernst zu nehmen. Die jugendbezogenen Arbeitsfelder der Sozialen Arbeit sind dazu angehalten, sich mit der Problematik auseinanderzusetzen und eine zeitgemäße Sexual- und Medienpädagogik zu entwickeln.

Auf Seite der Forschung bleibt es unumgänglich, sich weiterhin mit den offenen Fragen und um diese Thematik zu beschäftigen. Dabei kommen ihr verschiedene Aufgaben und Herausforderungen zu (Korte, 2018, S. 203). Einerseits sollte sich differenzierter mit dem Alter von Konsumenten auseinandergesetzt werden. Wie sich aus den Erkenntnissen dieser Arbeit herauslesen ließ, können pornografische Darstellungen bei Heranwachsenden ohne persönliche sexuelle Erfahrungen, stärkeren Einfluss nehmen. Andererseits gilt es weiterhin zu erforschen, welche Wirkungen unterschiedliche Genres (Soft, Hard etc.) von Pornografie bei speziell üngeren Konsumenten erzielen können. Außerdem kann sich weiterhin der Forschungsfrage zugewandt werden, inwiefern sich dauerhafter und einmaliger Konsum als Nutzungsmuster auswirken. Diverse Studien zu Negativ-Folgen von dauerhaftem Pornografiekonsum haben ergeben, dass es keine vereinfachten monokausalen Zusammenhänge gibt (Korte, 2018, S. 204). Dahingehend sollte sich die zukünftige Forschung mit den Faktoren und Variablen beschäftigen, die jegliche negativen Auswirkungen fördern und begünstigen. Das können sowohl persönliche Eigenschaften von Probanden sein, als auch weitere ununtersuchte Aspekte der Lebenswelt von Jugendlichen.

Abschließend ist die Forschungsfrage zum derzeitigen Stand der Forschung nicht lückenlos zu beantworten. Dennoch wurde deutlich, dass sich mit dieser Frage intensiver befasst werden muss, insbesondere weil noch nicht klar ist, welche Ausmaße die Folgen annehmen können. Einerseits ist hiermit die Soziale Arbeit aufgefordert umzudenken, andererseits besteht dringender Bedarf in der wissenschaftlichen Aufarbeitung um die negativen Auswirkungen pornografischen Konsums in der jugendlichen Lebensphase.

Literaturverzeichnis

Altstötter-Gleich, C. (2007). *Pro familia. Pornografie und neue Medien. Eine Studie zum Umgang Jugendlicher mit sexuellen Inhalten im Internet.* https://www.profamilia.de/fileadmin/publikationen/Fachpublikationen/Pornografie_neue_me dien.pdf

Bibliographisches Institut GmbH (2020). *Pornografie. Abgerufen am 15.09.2020 von https://www.duden.de/rechtschreibung/Pornografie*

Böhm, M., Dekker, A. & Matthiesen, S. (2016). Sexual- und Beziehungsentwicklung im jungen Erwachsenenalter. *ZSE Zeitschrift für Soziologie der Erziehung und Sozialisation*, 36(1), 5. https://content-select-com.pxz.iubh.de:8443/media/moz_viewer/56ab8996-eccc-481e-ba2c-799fb0dd2d03/language:de

Bundeszentrale für politische Bildung (2020). *Pornografie.* Abgerufen am 20.09.2020 von https://www.bpb.de/nachschlagen/lexika/recht-a-z/22697/pornografie

Dressler, S. & Zink, C. (2003). *Pschyrembel Wörtbuch Sexualität.* De Gruyter.

Günder, R. (2011). *Praxis und Methoden der Heimerziehung Entwicklungen, Veränderungen und Perspektiven der stationären Erziehungshilfe.* Lambertus.

Grimm, P., Rhein S. & Müller, M. (2011). *Porno im Web. Die Bedeutung sexualisierter Web-Inhalte in der Lebenswelt von Jugendlichen* (2. Auflage). Vistas.

Icon kids & youth international research (2009). Bravo Dr. Sommer Studie. Liebe! Körper! Sexualität!. https://www.klicksafe.de/fileadmin/media/documents/pdf/Pornografie/BRAVO_DrSommerSt udie2009_Sperrfrist_2009-05-12_gr.pdf

Korte, A. (2018). *Pornografie und psychosexuelle Entwicklung im gesellschaftlichen Kontext: Psychoanalytische, kultur- und sexualwissenschaftliche Überlegungen zum anhaltenden Erregungsdiskurs.* Psychosozial Verlag.

Mantey, D. (2020). *Sexualpädagogik und sexuelle Bildung in der Heimerziehung. Jugendliche individuell begleiten.* Beltz Juventa.

Matthiesen, S., Martyniuk, U. & Dekker, A. (2011). „What do girls do with porn?" Ergebnisse einer Interviewstudie. *Zeitschrift für Sexualforschung* 24(04). 10.1055/s-0031-1283839

Medienpädagogischer Forschungsverbund Südwest (2019). *JIM-Studie.* https://www.mpfs.de/fileadmin/files/Studien/JIM/2019/JIM_2019.pdf

Pro Familia Baden-Württemberg (2016). *Konzeption Sexuelle Bildung.* https://www.profamilia.de/fileadmin/landesverband/lv_baden-wuerttemberg/Konzeption-SexuelleBildung_www.pdf

Scherr, A. (Hrsg.) (2016). *Soziologische Basics. Eine Einführung für pädagogische und soziale Berufe* (3. Auflage). Springer VS.

Schetsche, M. & Schmidt, R. (Hrsg.) (2010). *Sexuelle Verwahrlosung. Empirische Befunde – Gesellschaftliche Diskurse – Sozialethische Reflexionen.* VS Verlag.

Sielert, U. (2010). Jugend und Sexualität/Partnerschaft. *EEO Enzyklopädie Erziehungswissenschaft Online*, 16. https://content-select-com.pxz.iubh.de:8443/media/moz_viewer/5282484c-658c-48a6-8ad5-11372efc1343/language:de

Staats, M. (2019). *Problem – Jugend – Sexualität. Die Wahrnehmung von Jugendsexualität durch Fachkräfte in der Heimerziehung.* Beltz Juventa.

Stein-Hilbers, M. (2000). *Sexuell werden. Sexuelle Sozialisation und Geschlechterverhältnisse.* Springer VS.

Timmermanns, S. & Böhm, M. (Hrsg.) (2020). *Sexuelle und geschlechtliche Vielfalt. Interdisziplinäre Perspektiven aus Wissenschaft und Praxis.* Beltz Juventa.

Weber, M. & Daschmann, G. (2010). *Zur Nutzung pornografischer und erotischer Videoclips und Filme durch ältere Jugendliche. Spezifische Aspekte im Kontext adoleszenter Entwicklung.* Abgerufen am 20.09.2020 von https://www.nomos-elibrary.de/10.5771/1615-634x-2010-2-167.pdf?download_full_pdf=1